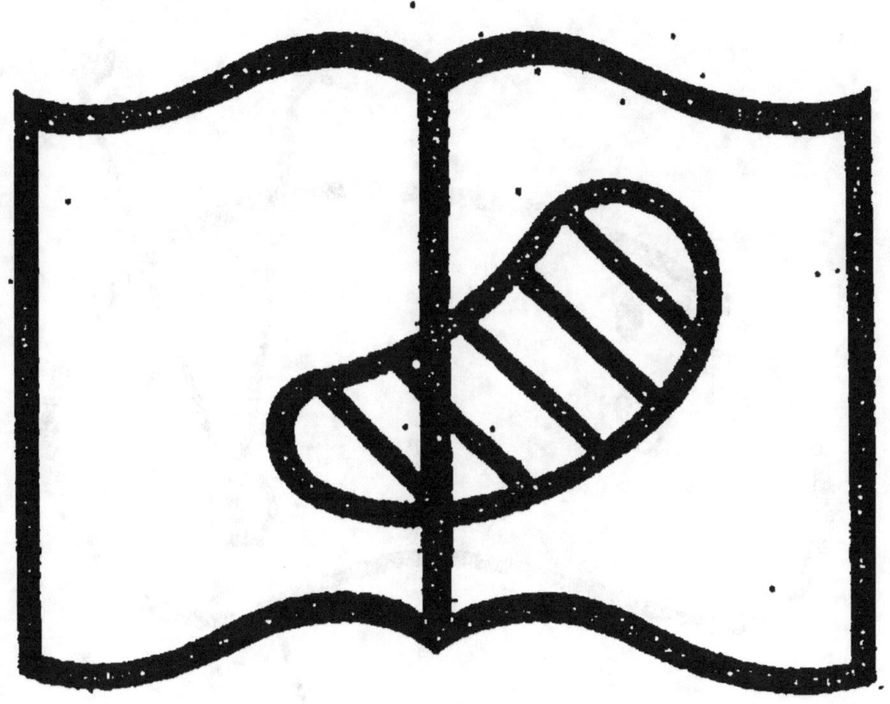

Illisibilité partielle

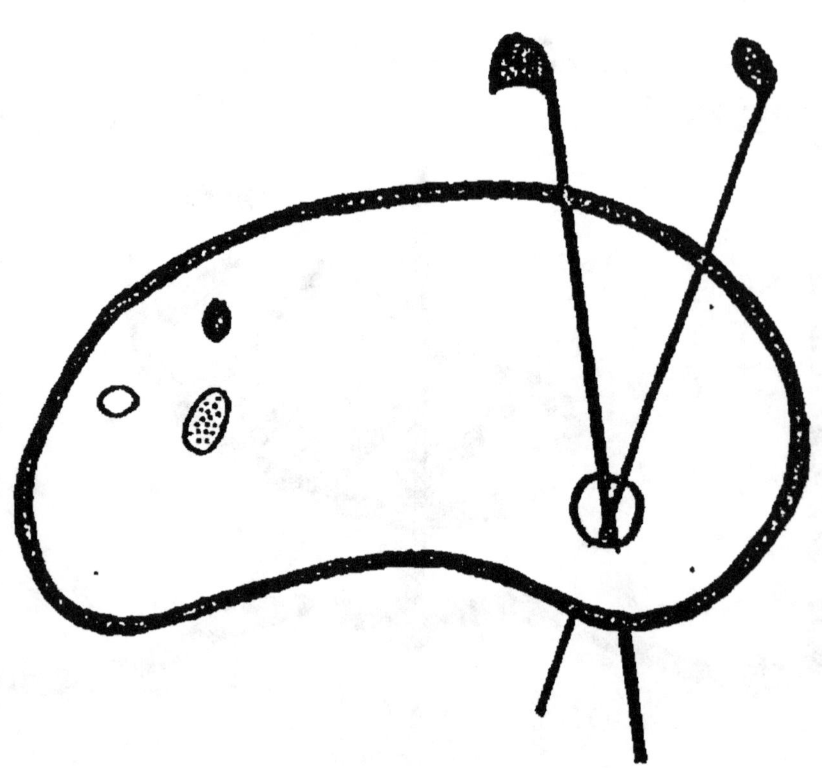

DEBUT D'UNE SERIE DE DOCUMENTS
EN COULEUR

LE MIRACLE

DE LA

SAINTE-HOSTIE

DE FAVERNEY

Confirmé par la sacrée Congrégation des rites
et approuvé par
Notre Saint-Père le Pape

PARIS

PUBLIÉ PAR AUGUSTE CAMUS
RUE SAINT-SULPICE, 29

Paris, imp. Jouaust et fils, rue Saint-Honoré, 338.

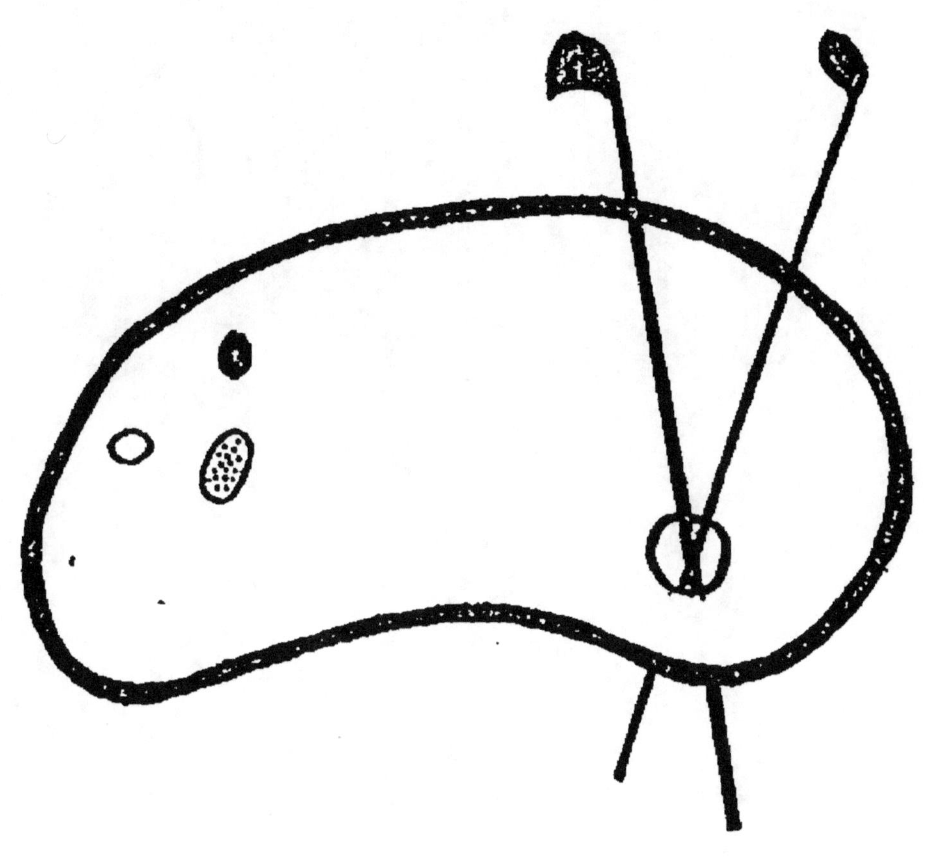

FIN D'UNE SERIE DE DOCUMENTS
EN COULEUR

LE MIRACLE

DE LA

SAINTE-HOSTIE

LA SAINTE HOSTIE
FAVERNEY
CONSERVÉE DANS LES
FLAMMES EN 1608

LE MIRACLE

DE LA

SAINTE-HOSTIE

DE FAVERNEY

*Confirmé par la sacrée Congrégation des rites
et approuvé par notre Saint-Père le Pape*

PUBLIÉ PAR

AUGUSTE CAMUS

PARIS

EN VENTE CHEZ L'AUTEUR

RUE SAINT-SULPICE, 29

1864

L'an 1864, le lundi de la Pentecôte,
16 mai, nous Jacques-Marie-Adrien-Césaire
MATHIEU, cardinal-prêtre de la sainte Eglise
romaine, du titre de Saint-Sylvestre in capite,
archevêque de Besançon, en présence d'un
vicaire général et d'un grand nombre d'ecclésiastiques, avons fait la procession de la
Sainte-Hostie conservée dans les flammes, et
donné connaissance aux fidèles rassemblés à la
grand'messe célébrée pontificalement par nous,

*de la confirmation faite par la sacrée Congré-
gation des rites, et approuvée par le Saint-
Père, du miracle de la Sainte-Hostie de Faverney conservée dans les flammes le 26 mai
1608.*

† CÉSAIRE, cardinal-archevêque de Besançon

PERRIN, vicaire général.
CAMUSET, curé de Faverney.

APPROBATION

DE NOTRE SAINT-PÈRE LE PAPE.

Jusqu'ici la fête de la Sainte-Hostie conservée dans les flammes n'avait point reçu l'approbation du Saint-Siége. Aujourd'hui, il n'en est plus ainsi ; toutes les pièces et preuves authentiques établissant le prodige ont été produites à Rome, et le miracle de Faverney a paru si bien prouvé et si éclatant, que la Congrégation des rites a décidé *à l'unanimité* que le miracle de la Sainte-Hostie conservée dans les flammes avait tous les caractères d'authenticité désirables. Telle est la grande nouvelle, que l'éminent cardinal-archevêque de Besançon venait solennellement proclamer, la reconnaissance du miracle par la plus haute autorité, la plus sévère critique qui soit au monde ; aussi les po-

ul ations, qui regardent la Sainte-Hostie
Faverney comme la gloire de la contrée,
sont-elles émues à l'annonce de cette gran
solennité. Prêtres et fidèles ont voulu ren
veler l'acte de foi qui se fit au jour du mirac
alors que toutes les paroisses environnan
accouraient processionnellement (27 mai 16o
pour admirer l'ostensoir suspendu dans les ai

Ce fut au milieu du silence le plus profo
que l'immense auditoire entendit le cardi
exposer d'une voix émue les circonstances
miracle, et son approbation unanime par
consulteurs des Congrégations romaines,

LE MIRACLE

DE LA

SAINTE-HOSTIE [1]

« Sur la frontière de la Franche-Comté, du costé du Bassigny et de la Lorraine, est assise vne petite bourgade, appelée Fauerney, auec vne ancienne et célèbre abbaye de Religieux de l'ordre de saint Benoist, dont l'é-

1. Nous empruntons cette relation à l'illustre président Boivin, contemporain du Miracle. C'est un récit plein d'ordre, de clarté et de foi, rehaussé par un style pur et vif, rempli de verve et de grâce.

glise est en grande vénération parmy les voisins, pour la réputation que ce déuost lieu s'est acquise, d'auoir été signalé de plusieurs grâces par l'entremise de la glorieuse Mère de Dieu, à laquelle il est dédié.

« Vn sacristain de l'abbaye qui dé·· siroit d'en réveiller la déuotion, impétra, par vn bref de Sa Sainteté, enuiron l'an seize cent et quatre, pour certain nombre d'années, des Indulgences en faueur de ceux qui, après estre confessés et repûs de la sainte Communion, visiteroient cette église au jour de la Pentecoste, ou à celuy de l'vne des deux festes qui la suiuent; et affin d'y attirer les cœurs par le plus puissant et le plus aimable objet de nostre Religion, il remest sur pied la coustume ancienne, d'exposer en public, pour pareille occasion, le très-auguste Sacrement de l'Eucharistie, vray symbole de l'amour inconceuable que Jésus-Christ nous a porté.

« La veille de la Pēntecoste, l'an de grâce seise cent et huit, le mesme sacristain, poursuiuant ce qu'il auoit déuotement pratiqué à pareil jour des années précédentes, prépara au deuant d'vn grand treillis de fer qui sépare le chœur d'auec la nef, à costé droit de la porte du chœur, vn autel sur vne table rehaussée d'vn degré, et par dessus dressé vn tabernacle de bois à quatre colonnes, reuestu de quelqu'étoffes de soye, de linge et de lacis (1), couuert d'vn dais attaché contre le treillis, endossé de plusieurs tapis, et entouré de cou-

1. Espèce de dentelle.

ronnes et autres semblables ornemens tirés de la sacristie ou empruntés des familles honorables de la ville. Au dedans du tabernacle, il dispose vn marbre sacré garni d'vn quadre de bois, et le couure d'vn corporal pour y reposer le précieux corps de notre Rédempteur ; sur le deuant de l'autel, il affiche le Bref en parchemin des indulgences octroïées par le souuerain Pontife, auec les lettres d'attache sous le scel de l'ordinaire diocésain. A' l'entrée des vespres, le prieur, officiant en l'absence de l'abbé, suiuy de tous les religieux, porte reueremment la très-sainte Eucharistie dans la chapelle ainsy préparée, et pose sur le marbre, dans le tabernacle, le Ciboire(1) sacré

1. Ostensoir.

saint contenant deux Hosties consacrées et reseruées pour cet effet dès la messe conuentuelle du matin. Le Ciboire étoit d'argent, doré sur les bords, ayant l'assiete large, taillée à plusieurs pans, en forme de pied de calice. Au milieu se voioit un tuyau de cristal couché de son long, bordé d'anneaux de même métail, dans lequel estoient quelques ossemens d'vn doigt de sainte Agathe, vierge et martyre; ce cristal, soutenu de deux branches en forme de consoles naissantes de la pomme du pied, et ayant par dessus deux autres petites branches, sur l'assemblage desquelles estoit entre, la lunette avec ses deux vitres ou cristaux, enfermant les deux Hosties. Elles auoient été redoublées en cette sorte pour remplir la capacité de la lunette,

vn peu trop large, et pour faire parois-
tre des deux costés l'image du crucifix
empreinte sur l'vne des faces de chacune des Hosties selon l'ancien usage
de ce monastère. Tout au-dessus du
cercle estoit vne petite croix à branches rondes et lisses, y seruant de cou-
ronnement. La pièce entière pesoit vn
peu plus d'vn marc, ou huit onces,
poids de Troyes.

« La chapelle ainsy parée et assor-
tie de lumières, demeure en cet estat
durant la nuit suiuante, et tout le jour
de la feste solennelle, qui fut célébrée
par de fresquentes confessions, com-
munions, visites et prières des habitans de la ville et du voisinage.

« Au soir, après que le peuple se
fut retiré, le sacristain agence sur le
bord de l'autel, au deuant du Saint-

Sacrement, deux lampes ou coupes de verre, dont on se sert ordinairement ès Eglises, supportées de deux chandeliers d'estain, et fournies de mesches ardentes, et d'huille suffisamment pour esclairer la nuit entière; et puis ferme soigneusement les portes, et laisse le tout, ainsi qu'il auoit fait la nuit précédente, à la seule et seure garde de l'œïl toujours veillant de la Diuinité.

« Le lendemain, jour du lundy, vingt-sixième de may, sur les trois heures du mattin, le sacristain ouurant les portes de l'église, qui est un beau et ample vaisseau, la trouue toute régorgeante de fumée : et comm'il jette les yeux à l'abord sur la Sainte-Chapelle, n'y découure qu'vn nuage épais, a trauers duquel brillent les charbons ardens qui consument les

restes d'vn plus grand embrasement.
A ce spectacle, un tremblement vni-
uersel du corps le saisit, et le fait tomber par terre. Il se relèue tout chan-
cellant, et sortant dehors s'écrie à
l'ayde, que tout est perdu, que l'église
est tout en feu. Ses confrères religieux
et quelques habitans de la ville, accou-
rus à ce bruit, s'approchent du brasier, reconnoissant que la table qui
auoit seruy d'autel est brûlée plus des
deux tiers en la partie qui touchoit au
treillis; que le degré, le tabernacle,
avec tout ce qui estoit à l'entour est
entièrement deuoré des flammes, et
qu'il n'y a rien de reste que la portion
du milieu du dais qui auoit été posé
sur le Saint-Sacrement, et vne partie
du deuant d'autel auec le bref des
indulgences et des lettres d'attaches,

qui se voyent sans autre dommage, sinon que le sceau de circ, qu'on appelle l'anneau du pescheur, est fondu, et le parchemin ridé et retiré par l'ardeur du feu ; en sorte néanmoins que toute l'écriture y parroit encore entiere et aussi lisible qu'auparauant ; ils rencontrent, sur ce qui reste de la table brûlée, l'vn des chandeliers d'estain, avec sa lampe encore pleine d'huille et la mesche esteinte, l'autre lampe cassée, et le chandelier qui la soutenoit fondu, à la réserve d'vne pièce du pied.

« Le trouble auquel ils estoient tous en cet empressement, ou l'épaisseur de la fumée, ne leur permet pas de voir où est le Reliquaire sacré, auec son précieux dépôt. Ils le cherchent sur le paué, parmy le brasier et les cendres ; à l'aide encore d'autres religieux et bourgeois qui suruiennent en foule, ils découurent le marbre brisé en trois pièces tellement eschauffées, qu'il est impossible d'en souffrir l'attouchement, le cadre auquel il avoit été enchassé ayant été consumé tout à fait; deux chandeliers de cuiure tombés par terre, et l'vn d'iceux rompu par le milieu; l'estain fondu de l'vn des chandeliers qui portoient les lampes; les fragmens de la lampe cassée, et vne grande poutre de bois qui seruoit de seüil et de soubasse au treillis de fer, et vne autre qui lui seruoit de colonne, embrasés et brûlés à demy; mais ils ne reconnoissent aucuns enseignes de la boiste sacrée sainte. Comme les religieux sont en cette perplexité, regrettans et accusans leur nonchalance à la garde d'vn trésor de si haut prix,

un nouice de l'eage de treize ans seulement, qui trauaille auec les autres à
cette recherche, s'escrie qu'il a trouué
ce qu'ils demandent, et leur montre
le Ciboire auec ses adorables Hosties,
suspendu en l'air sans aucun support,
de la mesme hauteur qu'il auoit été
placé, mais retiré de la largeur d'vne
palme plus en arrière du costé de l'E-
uangile, et penchant par le haut, en
sorte qu'il sembloit s'apuyer doucement contre un nœud du treillis, par
la pointe seulement de l'vne des branches de la petite croix; le jour parais-
sant de toute autre part entre la custode (1) et le treillis. A l'instant ils se
prosternent tous à deux genoux et
adorent la Diuinité cachée sous ces

1. L'Ostensoir.

espèces visibles, luy donnans mille bénédictions, et rendans graces infinies d'vne conseruation si prodigieuse.

« Le Prieur et les Religieux, n'osans pas y toucher, et ne sachans quel party prendre, s'assemblent et députent l'un d'entre eux pour passer promptement au couuent des Pères Capucins de la ville de Vesoul, qui n'en est éloignée que de trois lieues communes, afin de prier ces sages Pères d'enuoyer quelqu'un des leurs pour considérer cette merueille et les assister de conseils.

« Deux Prestres de cet ordre, signalés en doctrine, en prudence et en piété, viennent à cette cérémonie, suivis d'vn frère lays et de plusieurs personnes qualifiées du lieu de Vesoul, tant ecclésiastiques que séculières. Ils arriuent sur l'heure de vespres dans l'église de Fauerney, où ils contemplent, auec non moins de consolation que d'estonnement, cet estuy qui enferme le corps trois fois saint de notre Rédempteur, soustenu au vuide de l'air, du seul appuy de sa main toutepuissante; et après l'auoir humblement adoré, font allumer plusieurs cierges et flambeaux, pour esclairer cette nouueauté de plus près, et descouurir s'il n'y auroit point quelque cause naturelle, mais cachée, de cette incompréhensible suspension. Ils tournent et retournent à l'entour du Ciboire, tant au dedans qu'au dehors du chœur, avec vne discrette et néanmoins exacte, et pour ainsy dire, scrupuleuse curiosité.

« Pourtant, plus ils se rendent soigneux à l'esplucher, plus ils se confirment en l'assurance du miracle, et

reconnoissent éuidemment que le vaisseau sacré, dont le pied est encore tout
couuert de charbons ardens et de cendres, n'est suporté d'aucun soutient
visible, et que la pointe d'vne des branches de la petite croix, qui seule sem-
ble toucher au treillis, parroit en cette
sorte, à raison d'vn peu de cendres de
linge brûlé qui se trouuent engagées
entre les deux : voires (1) qu'il est
impossible que ce petit brin de poudre
puisse supporter tout le faix, veu que
l'attouchement apparent n'excède pas
l'épaisseur d'vn grain d'orge, outre
que la position du vase suspendu est
en vne posture tout-à-fait contraire à
la naturelle.

« Ainsy ne manquant rien à l'en-

1. Même.

tiere preuue de ce miracle que l'autorité et approbation juridique des supérieurs, ils conseillent au Prieur et à
ses Religieux d'en auertir en diligence
l'Illustrissime Archevesque de Besançon, sur le diocèse de qui la merueille
est arriuée, affin que par sa prudence
il en ordonne ce qu'il jugera le plus
conuenable à la gloire de Dieu et à
l'édification de son troupeau.

« Cependant, comme tous ceux du
lieu et des circonuoisins, accourans
au bruit d'vne nouueauté si estrange,
se jettent à la foule aux enuirons du
saint Reliquaire, ils font à touts coups
branler le treillis, peu fermement
arrêté, à raison de l'embrasement de
la partie du seüil et de la colonne de
bois qui le soutenoit. Sur cela, les sages
Religieux considérans que les effets

miraculeux ne durent qu'autant qu'il plaît au maître ouvrier qui les fait naître pour notre instruction, s'aui- sent d'apprester quelque siége au-des- sous de la sainte custode, pour la rece- uoir auec respect et bienséance, si elle vient à tomber ou descendre du lieu où elle est suspendue. Ils posent donc vn ais de sapin sur des tréteaux, et mettent par-dessus, vn missel couuert d'vn cor- poral, en telle distance, qu'il demeu- roit vn espace vuide de la hauteur de quatre à cinq doigts entre le Ciboire et le liure, et laissent tout le surplus des reliquats de l'autel, au mesme point où il s'estoit trouué après l'embrase- ment. Ils ajoutent quelques barricades à l'entour, pour empescher la popu- lace de s'en approcher irreueremment. Tandis que l'on y trauaille, il arriue que deux puissans hommes portant vne grosse et longue pièce de bois pour seruir à cet vsage, en heurtèrent par mesgarde le treillis, qui en receut vne secousse bien violente; mais par tous ces esbranlemens, la coupe sacrée qui sembloit s'appuyer dessus, n'en fut nullement esmüe. Le reste de la journée et la nuit se passent en veilles, prières, cantiques et loüanges, et autres déuosts exercices.

« Le lendemain, dès l'aube du jour, arriuèrent de tous costés des hommes et femmes à milliers, de tous eages et de toutes conditions, pour voir la continuation de ce prodige; plusieurs Curés y conduisent en procession les peuples de leurs paroisses, qui, se poussans et pressans par vne curiosité rustique et ferueur inconsidérée, aux enuirons de l'autel, secoüent à tout moment les barrières et le treillis, sans esbranler tant soit peu ce vaisseau miraculeux, qui persiste toujours immobile, tandis que le peuple déuost se dispose par la fréquentation des sacremens, par prières et par aumosnes, et par autres pieux exercices, à receuoir les graces qui sont eslargies aux ames fidèles en la communication de ce salutaire mystère.

« Entre les neuf et dix heures auant midy, pendant que le Curé du village de Menoux, voisin de Fauerney, célèbre la messe au grand Autel, à la déuotion de son petit troupeau qu'il y avoit amené en procession ; sur le point qu'il commence de prendre entre ses mains le pain pour le consacrer, l'vn des cierges qui esclairoit deuant le Saint-Sacre-

ment miraculeux, hors du chœur, s'es-
taind de soy-mesme, sans aucune appa-
rente cause; et estant promptement
ralumé, fait de mesme jusqu'à trois
fois, coup-sur-coup, comme pour auertir les assistans de se rendre attentifs
au nouueau prodige qui s'alloit faire.
Et voilà qu'au mesme instant que le
Prestre célébrant au maistre-autel,
dans le chœur, repose l'Hostie qu'il ve-
noit de consacrer sur le corporal, après
la première eslévation, le Ciboire miraculeux sur lequel plusieurs des assistans avoient les yeux attentiuement
attachés, se redresse, et puis descen-
dant doucement sur le missel et corporal qu'on auoit appresté par dessous,
s'y place de si bonne grace que le plus
discret et accort ecclésiastique n'eûst
pu l'asseoir plus proprement tourné

contre le peuple, au juste milieu du sacré suaire. A ce redoublement et accomplissement de miracle, les spectateurs battans leur poitrine et laissans couler de douces larmes de leurs yeux, s'écrièrent myséricorde! miracle! miracle! Tout le reste du peuple dont l'Eglise estoit remplie de toutes parts, les seconde, et puis, par vn saint murmure d'allégresse, s'entredisans et montrans l'vn à l'autre ce comble de merueilles, glorifient le Seigneur, qui leur a daigné fournir vn si puissant renfort de leur foy.

« Les Religieux du monastère et les pères Capucins qui en sont aussi auertis, s'en approchent, et contemplent avec rauissement et profonde adoration la très-auguste custode, si justement et proprement agencée sur le corporal, et remarquent vne singularité merueilleuse, que des charbons et cendres qui sont en quantité sur le pied du Ciboire, vn seul brin ne s'est remué de sa place, et qu'il n'en apparoit pas une simple petite bluette sur la blancheur et la polissure du linge sacré. Ils examinent auec plus de liberté qu'auparauant, le croison de la petite croix, qui sembloit estre attaché au treillis, et le trouuent entièrement net et poly, et couuert seulement sur le bout d'vn peu de poudre de toile brûlée, d'où ils s'affermissent dauantage en la croyance et reconnaissance de ce miracle incomparable; qu'y pouuoit-on désirer de plus, sinon l'examen rigoureux et l'approbation juridique des supérieurs qui ont l'autorité de

porter leur jugement décisif des mys
tères de la religion?

« L'illustrissime seigneur messir
Ferdinand de Longuy, dit de Rye
archeuesque de Besançon, et en cett
qualité ordinaire du lieu, y enuoi
incontinent son Procureur-Généra
assisté de son Aduocat-Fiscal et de so
Secrétaire. Ils voyent, ils touchent, il
manient les restes de l'embrasement
ils ouurent la lunette à laquelle per
sonne n'auoit entrepris d'attouche
jusqu'alors, et en tirent les deux Hos
ties, qui paroissent entières et san
auoir été tant soit peu endommagé
du feu, seulement, se trouuent-ell
enfumées et teintes de l'ardeur d
flammes qui les auoient enuelopée
On tire pareillement hors du tuyau d

christal les reliques de la chaste sainte Agathe, qui se trouuent n'auoir rien souffert par la violence du brasier; et ce que l'on admire le plus, est qu'un petit bouchon de papier qui fermoit l'entrée du canal où elles estoient, et en sortoit à demy, a été garanti de brûlure et de tache, par l'heureux voisinage du corps viuant et impassible de son Créateur, et des ossemens de la glorieuse vierge et martyre, voisine de son cher époux. Ces commissaires dressent vn ample verbal de ce qui se présente à leur vüe et examinent sur tout le surplus ˙ ˉqu'à quarante-deux tesmoins sans reproche, choisis comme les plus apparens entre tant d'autres qui auoient veu les mesmes particularités. Ils affirment, chacun séparément et par serment solennel, la vérité constante et uniforme de tout ce que je viens de raconter ; à quoi quelques-vns ajoutent que, sur le point de la descente du Ciboire, ils ont ouys comme le son argentin d'une clochette inuisible, messagère de la prochaine merueille.

« Sur cette preuue, le conseil archi-episcopal, auquel furent appellés plusieurs théologiens de singuliere érudition, discrétion et probité, tirés de divers ordres religieux et autres corps ecclésiastiques de la cité de Besançon, déclara, par décret solennel du neuf-uième de juin de la même année, que cet euesnement contenait vn euident, ou plustost plusieurs euidents miracles, à la confusion des incrédules et des hérétiques, à la consolation et à l'utilité du peuple viuant en la foy de

notre mère sainte Eglise catholique,
apostolique et romaine : et que le réué-
rendissime preslat, en l'approuuant de
son autorité ordinaire, selon le pre-
scrit du sacré concile de Trente, le
pouuoit faire publier et reconnoistre
comme tel par tout le peuple de son
diocèse, sans autre delay ny remise. A
quoy le sage preslat condescendit et
en fit bientost après imprimer et enuoyer de tous costés une déclaration
sommaire, qui contenoit en peu de
mots l'abrégé de cette véritable his-
toire.

« Vne promulgation si considéré-
ment et si religieusement faitte, le récit
que plusieurs historiens chroniqueurs
et autres escrivains de ce temps en ont
enregistré dans leurs écrits en diuerses langues, et l'euidence de la chose,

pouuoit bien suffire pour en affermir la créance, et en éterniser la mémoire, et pour donner dans la visière des plus acariastres huguenots. Si crois-je qu'il ne sera pas infructueux ny désagréable que je l'aye estalé plus au large, et déplié cet ouurage diuin avec toutes ses singularités, selon que je les ay soigneusement et fidellement recueillies du verbal des commissaires, et de l'examen des témoins, sans enrichissement de vaines paroles. »

NOUVELLE CONFRÉRIE DU SAINT-SACREMENT DE MIRACLE.

Une confrérie avait été formée en l'honneur et en souvenir du miracle de Faverney en l'année 1609, c'est-à-dire un an après ce grand événement. Cette confrérie, qui exista jusqu'aux tristes jours de la Révolution, fut naturellement abandonnée, comme tout ce qui tenait au culte catholique. En l'année 1833, M. l'abbé Camus, alors curé de Faverney, désireux de reformer cette sainte confrérie, demanda et obtint du saint-siége des priviléges dont nous donnons le détail à nos lecteurs. Ce sont les mêmes que ceux qui sont attachés à la confrérie du Saint-Sacrement de Sainte-Marie-la-Minerve, à Rome.

Pour entrer dans la confrérie et participer aux priviléges et aux prières de l'association, il suffit :

1° De donner ses noms et prénoms au prieur de la confrérie, pour les faire inscrire sur le catalogue ;

2° De payer une prestation de cinq centimes par an ;

3° De faire don d'une somme facultative.

Voici les priviléges accordés à la confrérie :

SOMMAIRE

De toutes les indulgences en général, et de chacune en particulier, accordées à l'Archiconfrérie du très-saint Sacrement, érigée canoniquement dans l'église de Sainte - Marie-la-Minerve, à Rome.

(Par Paul V, le 3 novembre 1606.)

1. — Indulgence plénière à chaque fidèle de l'un et de l'autre sexe le jour que, s'étant confessé et ayant communié, il aura donné son nom à la confrérie.

2. — Indulgence plénière aux con-

frères et consœurs de la même confrérie qui, vraiment pénitents, s'étant confessés et ayant communié, auront assisté à la procession du très-saint Sacrement, laquelle se fait de coutume, chaque année, le jour de l'octave de la Fête-Dieu, et l'auront accompagné en priant pour la paix, pour la concorde entre les princes chrétiens, pour l'extirpation des hérésies et pour l'exaltation de notre mère l'Eglise.

Cette indulgence a été transférée par Innocent XII, le 27 novembre 1694, au vendredi qui suit immédiatement la solennité de la Fête-Dieu.

3. — La même indulgence peut être gagnée par tous les confrères et consœurs qui, légitimement empêchés, n'auraient pas pu assister à la susdite

procession, pourvu toutefois que, vraiment pénitents et confessés , ils aient communié et prié comme il vient d'être dit.

4. —— Indulgence plénière à tous et à chaque confrère et consœur qui, s'étant confessés et ayant communié, invoqueront, à l'article de la mort, le très saint nom de Jésus , au moins de cœur s'ils ne le peuvent de bouche.

5. — Indulgence de sept ans et de sept quarantaines aux confrères et consœurs qui, vraiment pénitents et confessés, communieront le jour de la Fête-Dieu et prieront comme il a été dit plus haut.

6. — Indulgence de cent jours à

chaque confrère et consœur, toutes les fois qu'ils assisteront aux offices divins et aux processions de la confrérie.

7. — Indulgence de cent jours, à chaque vendredi de l'année, aux confrères et consœurs qui visiteront l'église dans laquelle est érigée la confrérie.

8. — Indulgence de sept ans et de sept quarantaines aux confrères et consœurs qui, vraiment pénitents, confessés et ayant communié, assisteront à la procession qui a coutume de se faire le troisième jour de chaque mois et le jeudi saint.

9. — Indulgence de cent jours aux confrères et consœurs qui, au moins

contrits et confessés, accompagneront
la procession le jeudi saint.

10. —· Indulgence de sept ans et
de sept quarantaines aux confrères et
consœurs, toutes les fois qu'ils accompagneront avec un cierge ou sans cierge
le très-saint Sacrement, lorsqu'on le
porte aux malades ou ailleurs.

11. — Indulgence de cinq jours aux
confrères et consœurs qui visiteront,
le jeudi saint, le lieu où est conservé
le très-saint Sacrement, et prieront
comme il a été dit plus haut.

(Par Clément X, le 24 janvier 1673.)

12. — Indulgence de cent jours aux

confrères et consœurs, chaque fois qu'il
accompagneront à la sépulture le corp
d'un fidèle défunt.

(Par Benoît XIV, le 2 août 1749.)

13. — Indulgence de cent jours au
confrères et consœurs, toutes les foi
qu'ils assisteront aux messes que l'o
célébrera, selon le temps, dans l'églis
ou dans la chapelle ou l'oratoire de l
confrérie;

14. — Ou qu'ils assisteront au
assemblées publiques et particulière
de la confrérie, en quelque lieu qu'elle
se fassent;

15. — Ou aux processions, quelle

qu'elles soient, qui se feront avec la permission de l'Ordinaire;

16. — Ou qu'ils donneront l'hospitalité aux pauvres;

17. — Ou qu'ils pacifierontdes ennemis, ou qu'ils réuniront ou feront réunir des personnes désunies;

18. — Ou que, par empêchement, ne pouvant pas accompagner le très-saint Sacrement de l'Eucharistie, soit dans les processions, soit lorsqu'on le porte aux malades ou ailleurs, et de quelque manière que ce soit, selon le temps, ils réciteront au son de la cloche une fois l'Oraison dominicale et la Salutation angélique, ou bien cinq fois

les mêmes Oraison et Salutation pour les âmes des confrères et consœurs défunts de la même confrérie;

19. — Ou qu'ils ramèneront un égaré sur la voie du salut;

20. — Ou qu'ils enseigneront aux ignorants les commandements de Dieu et les choses nécessaires au salut;

21. — Ou qu'ils visiteront les infirmes, les prisonniers, et les soulageront de quelque manière, spirituellement ou temporellement;

22. — Ou qu'ils exerceront quelque autre œuvre que ce soit de piété ou de charité.

INDULGENCES

Accordées à tous et à chaque fidèle de l'un et de l'autre sexe qui, pour rendre honneur et hommage au très-saint Sacrement, s'exerceront dans les œuvres de piété suivantes.

(Ces indulgences ont été accordées par Urbain IV, l'année 1264, par sa bulle qui commence par ce mot : *Transiturus*, par laquelle il institua la Fête-Dieu ; elles ont été étendues par Martin V, le 26 mai 1429, et confirmées et augmentées par Eugène IV, le 26 mai 1433.)

1. — Indulgence de deux cents jours à tous et à chaque fidèle de l'un et de l'autre sexe qui, vraiment pénitents et confessés, jeûneront la veille de la

Fête-Dieu, ou feront une autre œuvre de piété, selon l'avis du confesseur.

2. — Indulgence de quatre cents jours à chaque fidèle qui, vraiment pénitent et confessé, assistera à l'office divin des premières et secondes vêpres, et à la messe de la même Fête-Dieu.

3. — Indulgence de cent soixante jours toutes les fois que, à la même fête, on assistera à chacune des petites heures, prime, tierce, sexte, none, et à complies.

4. — Indulgence de deux cents jours toutes les fois que, dans les exercices sacrés qui se feront à vêpres, à matines et à la messe les jours de l'octave de la

même fête, on y assistera, et pour chaque exercice auquel on assistera.

5. — Indulgence de quatre-vingts
jours pour chacune des autres heures
les jours de l'octave dont on vient de
parler.

6. — Indulgence de deux cents
jours au prêtre qui célébrera la messe
et au laïque qui communiera dévote-
ment, et qui, dans ladite fête, accom-
pagnera la procession du très-saint
Sacrement, ou un autre jour de l'octave, en priant pour la paix et pour la
tranquillité de notre mère la sainte
Eglise.

(Par Paul V, le 3 novembre 1606.)

7. — Indulgence de deux cents jours

à tous les fidèles qui accompagneront la procession de la conférie du très-saint Sacrement, le troisième dimanche de chaque mois et le jeudi saint.

8. — Indulgence de cinq ans et de cinq quarantaines aux curés et aux autres fidèles de l'un et de l'autre sexe, qui accompagneront processionnellement, sans cierge, le très-saint Sacrement, lorsqu'on le porte aux malades ou ailleurs.

FAVERNEY.

Situé au nord de la Franche-Comté,
Faverney est assis au centre d'une val-
lée fertile, où sont étalés avec profu-
sion tous les trésors du paysage le plus
varié. Par quelque côté qu'on pénètre
dans ce vallon, l'œil est agréablement
surpris du spectacle qui se déroule tout
à coup. A vos pieds, des coteaux char-

gés de vignes et de riches vergers ; plus
loin, des champs fort bien cultivés et
étalant dans un terrain ondulé les mille
couleurs de leurs produits de toutes
sortes ; plus près du centre et formant
comme un lit de verdure à la petite cité,
une immense prairie arrosée par les
eaux limpides de la Lanterne, dont on
suit les contours jusqu'à son embou-
chure dans la Saône, qui borde le terri-
toire au couchant ; puis, pour enca-
drer le tout et en faire ressortir en quelque sorte chaque partie, la teinte som-
bre d'une forêt, au-dessus de laquelle
apparaissent dans le lointain les som-
mets des montagnes des Vosges, qui
bornent l'horizon au nord-est ; et au
nord, la vue plus rapprochée du vaste
et moderne château de Saint-Remy
et de ses dépendances, où sont établies

une maison d'éducation et une ferme modèle dirigées par les Frères de Marie ; enfin, et comme enchâssée dans ce riche écrin, la petite ville, bâtie en amphitéâtre et présentant aux regards les bâtiments entiers et parfaitement conservés de la célèbre abbaye des Bénédictins, avec sa magnifique église surmontée de deux clochers, le palais abbatial, une caserne de cavalerie, quelques autres bâtiments publics et des habitations particulières ; le tout groupé de la manière la plus pittoresque et baigné par la rivière, que l'on traverse sur un superbe pont en pierres de neuf arches. Au pied du tertre et touchant aux premières maisons est la gare du chemin de fer, dont on suit de l'œil la ligne régulière à travers les prairies, sur une longueur de plusieurs ki-

lomètres (embranchement de Port-
d'Atelier à Aillevillers, près Plombières, chemin de fer de Mulhouse).

Cet ensemble, vu à distance, offre
un tableau parfait qui charme par la
disposition et l'harmonie de chacune
de ses parties; mais, nous ne le dissi-
mulons pas, il en est de Faverney
comme de plusieurs autres villes beau-
coup plus importantes, la vue des dé-
tails ne répond pas à l'aspect général.
Qu'on nous permette cette comparai-
son prétentieuse : c'est Constantinople
vu du Bosphore. Peuplée en partie de
cultivateurs, la plupart des habitations
de cette bourgade sont disposées pour
les besoins de l'agriculture; et, malgré
le zèle bien louable de l'administration
municipale, qui, par de·sages règle-
ments, a su y entretenir une grande

propreté et lui a procuré les bienfaits de l'éclairage public, on n'y remarque ni la régularité des rues, ni la symétrie des maisons, ni l'absence complète de tous les inconvénients des villages.

On concevra sans peine, d'après tout ce qui précède, que bon nombre de personnes pouvant s'échapper enfin aux occupations fiévreuses des villes, viennent chercher dans cette oasis le calme et le bien-être. Tout les y convie : belles chasses, rivière poissonneuse, promenades délicieuses et variées, points de vue remarquables, facilités par le chemin de fer de se transporter dans les diverses directions où les affaires comme les plaisirs peuvent appeler, et à proximité des eaux thermales de Plombières et de Luxeuil. Ce

choix peut ainsi s'expliquer par l'abon-
dance et le prix relativement peu élevé
des choses nécessaires à la vie; car en
effet, fruits, vins, légumes et céréales
dépassent en quantité les besoins lo-
caux.

Cependant, quelque ignoré qu'il
soit aujourd'hui et comme perdu dans
un coin de la Franche-Comté, ce mo-
deste pays eut autrefois son importance historique.

Dès le huitième siècle, Faverney
était une ville fortifiée; des fragments
de remparts et des restes de tours exis-
tant encore sur plusieurs points l'at-
testent suffisamment en l'absence de
toute autre preuve.

Ces fortifications aujourd'hui en
ruine étaient à cette époque de la plus
haute importance, surtout à cause de

la position géographique et de l'esprit de cette contrée.

Voici ce qu'en dit Boivin, que nous avons déjà cité, et auquel il faut toujours revenir :

« La Franche-Comté est abondante en grains, en vins, en bois, en riuiéres poissoneuses, en mineraux de diuerses sortes, en salines presque miraculeuses, et en autres tresors de la nature. Mais ce qui la rend plus recommandable, c'est l'inuiolable fidelité de ses habitans envers leurs princes naturels, auxquels ils se sont conserués sans jamais varier, au milieu de tant de nations belliqueuses qui, se laissant emporter au torrent des changements humains, luy ont souuent donné de violentes secousses pour l'entraisner auec elle. Aussi, pour reconnaissance de cette impenetrable loyauté, ses souverains, par vne affection reciproque, l'ont maintenue en l'exemption sans exemple de toutes tailles, subsides et impositions, d'où lui vient le titre glorieux de *Franche-Comté*.

« La constance de ses peuples n'a pas été moindre en la religion ; car, estans des premiers de toutes les Gaules qui ont recues dans leur sein, comme dans une terre feconde, la semence salutaire de l'Évangile, et qui se sont aidés à l'espandre et cultiver chez leurs voisins, on ne trouve point qu'ils se soient jamais detachés de l'vnion, n'y soustrais à l'obeissance de l'Église vniuerselle. Au contraire, ils ont si viuement et si genereusement fait teste à tous les sectaires et nouateurs, que la contagion pestilente de l'heresie n'y a jamais pû

prendre racine, et la *Franche Comté*, de-
meurée fidele à la foi de ses peres, au
milieu d'attaques, de ruses et de de-
fections, est proclamée, par les papes
comme par les rois, « *le bouleuard du
catholicisme.* »

Ce fut alors que Dieu, dans sa mi-
séricorde, songea à la récompenser de
sa croyance par un miracle éclatant, et
établit par un signe mémorable la vérité de sa présence réelle.

Une circonstance particulière fixa
ses regards sur Faverney et lui rappela
une terre chère à son cœur. Ce n'était
pas, en effet, la première fois que le
doigt de Dieu l'avait marqué pour l'exé-
cution de ses desseins, en y faisant
croître et fleurir les merveilles de la
grâce. Faverney avait été entouré, dès

son berceau, de tous les rayons de la sainteté et de tous les prodiges de la foi. Saint Vibrade avait fondé le monastère, sainte Gude l'avait gouverné; le supplice de saint Berthaire et de saint Athalène en avait agrandi le renom, et on avait vu, dans les mêmes lieux et dans le même siècle, les palmes réunies de la science, de la virginité et du martyre.

Enfin voici le jour de la Pentecôte, voici la nuit du grand miracle. Tout repose au cloître et dans la ville, le gardien du sanctuaire se retire à son tour, et le moment arrive où, par une permission providentielle, les deux Hosties exposées sur un autel n'ont pour adorateurs que la troupe invisible des esprits bienheureux. Une étincelle s'échappe d'un flambeau : en un clin d'œil, l'incendie se déclare, éclate, envahit tout.

Lampes, flambeaux, draperies, chapelle, tout est consumé autour des saintes Hosties. L'ostensoir seul qui les renferme apparaît suspendu dans l'espace au milieu de ces ruines. O miracle! reconnaissez à ce trait la présence du Dieu qui gouverne les vents, qui courbe les flots et qui fait marcher les flammes devant lui. Les heures succèdent aux heures, la nuit au jour, le jour à la nuit, et le miracle est toujours le même. La foule augmente, la contrée s'émeut, tout ce peuple voit les Hosties saintes suspendues dans les airs pendant trente-trois heures, et le miracle ne cesse que par un second miracle. L'ostensoir descend à l'ordre du prêtre, et, se plaçant entre ses bras, il lui livre une seconde fois le corps et le sang du vrai Dieu.

A peine le miracle de Faverney eut-il été connu qu'il devint l'entretien de l'édification de l'univers entier. Le premier orateur du temps, le P. Lejeune, l'acclamait du haut de la chaire chrétienne : « J'en puis parler, disait-il avec l'autorité de son éloquence, car j'étais dans le pays même quand il arriva. » Trois mois n'étaient pas écoulés que l'illustre évêque de Genève, dans tout l'éclat de sa réputation et dans toute la tendresse de son amour, saint François de Sales, vint offrir le saint sacrifice dans l'église du miracle. On conçoit mieux qu'on ne saurait le dire avec quelle piété il se prosterna devant les deux Hosties exposées à ses adorations, et quels sentiments s'épanchèrent de son cœur dans un sanctuaire où Jésus-Christ venait de révéler si hautement sa présence. Toutes les âmes étaient encore émues de l'insigne prodige. On ne dissertait point, on adorait; on ne prêchait point, on priait; et la vue seule de l'ostensoir sauvé des flammes ravissait les esprits et faisait fondre en larmes les yeux et les cœurs.

Le prodige, constaté juridiquement par Ferdinand de Rye, archevêque de Besançon, devint l'objet d'une fête qui se célèbre dans le diocèse depuis cette époque.

Établie seulement par l'autorité diocésaine, cette fête n'avait point reçu l'approbation du Saint-Siége, non que cette approbation eût été refusée ou que le miracle eût été contesté, comme quelques-uns l'ont cru, mais parce qu'elle n'avait point été sollicitée. Les pièces originales qui se trouvent encore aux archives de l'abbaye en font foi.

L'occasion s'est présentée de demander cette approbation, et le miracle est solennellement reconnu; le pèlerinage voit s'ouvrir devant lui un avenir nouveau, la dévotion des peuples fera le reste, et nous avons la confiance qu'à partir de ce jour, Faverney redeviendra ce qu'il a été, ce qu'il doit être, le premier pèlerinage de la Franche-Comté.

7926. — Paris, Imprimerie Jouaust et fils, rue Saint-Honoré, 338.

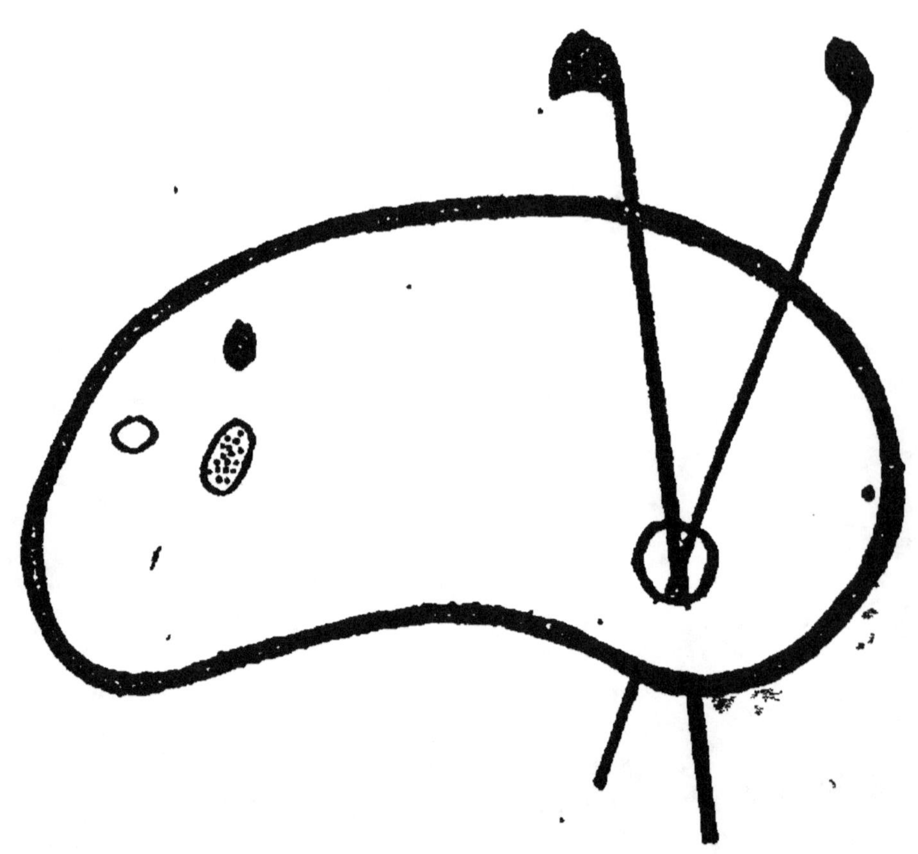

ORIGINAL EN COULEUR

Nº Z 43-120-8